Andrea Küssner-Neubert

Buntes Basteln
mit Naturmaterial

ENGLISCH VERLAG

Die Deutsche Bibliothek - CIP-Einheitsaufnahme
Buntes Basteln mit Naturmaterial / Andrea Küssner-Neubert. - Wiesbaden : Englisch, 2002
ISBN 3-8241-1167-5

© by Englisch Verlag GmbH, Wiesbaden 2002
ISBN 3-8241-1167-5
Alle Rechte vorbehalten. Nachdruck, auch auszugsweise, verboten.
Fotos: Frank Schuppelius
Printed in Spain

Inhalt

Vorwort

Basteln, Spielen und Gestalten macht allen Kindern Spaß. Ob zu Hause, im Kindergarten oder in der Schule, überall gibt es Gelegenheit dazu.

In diesem Buch finden Kinder ab dem Vorschulalter viele neue Ideen, wie man mit Naturmaterialien, Naturpapieren und vielfältigem anderen Material basteln kann. Mit Muscheln, Steinen, Federn, Eicheln, Kastanien, Stöcken, Nüssen, Sand, mit Öko-Schnippkarton oder anderen Naturpapieren, Kokospapier, Strohseide und vielem mehr lassen sich viele schöne und lustige Dinge gestalten. Wie wäre es mit einem Bilderrahmen aus Muscheln für das schönste Urlaubsfoto, oder mit Puppen aus Stöcken zum Spielen, mit Steinfischen im Wasserglas? Oder mit einem lustig geschmückten Tisch mit passender Girlande für die nächste Kinderparty?

Tolle Tiere und Männchen aus Nüssen, Eicheln, Steinen und anderen Dingen, die die Natur zu bieten hat, laden einfach dazu ein, selbst kreativ zu werden. Auch die lustigen Bilderketten mit Tannenzapfenpiraten und Vögeln sind ein fantasievoller Schmuck für jedes Kinderzimmer. Viel Spaß bringen auch die witzigen Fingerpuppen oder die Wellpappen-Stecktiere, welche die Kinder zum Rollenspiel animieren. Dieses und vieles mehr können die Kinder in Gruppen oder auch allein anfertigen.

Bei der Auswahl der in diesem Buch gezeigten Modelle wurde bewusst darauf geachtet, dass die Kinder durch Variieren der Materialien ihrer Fantasie freien Lauf lassen können.

Viel Spaß beim Basteln wünscht

Andrea Küssner-Neubert

Material und Werkzeug

Viele der in diesem Buch verwendeten Materialien lassen sich bei einem schönen Herbstspaziergang in der Natur finden.
Die Naturpapiere, wie z.B. Öko- Schnippkarton, Strohseide und Kokospapier erhält man in jedem Bastelladen.

Viele andere Materialien, wie Toilettenpapierrollen, Küchenpapierrollen und Streichholzschachteln finden sich in jedem Haushalt und werden ausnahmsweise einmal nicht zum Altpapiercontainer gebracht, sondern landen auf unserem Basteltisch.
Auch schöne Muscheln und Steine findet man garantiert beim nächsten Sommerurlaub am Strand.

Als Klebstoff sollte man möglichst lösungsmittelfreien Bastelkleber verwenden. Manche Objekte müssen allerdings mit Kraftkleber oder mit der Heißklebepistole angebracht werden.

ACHTUNG!
Die Kinder sollten nicht unbeaufsichtigt mit Heißkleber arbeiten. Verwenden Sie bei der Heißklebepistole unbedingt ein Niedrigtemperatur-Gerät, damit sich die Kinder nicht verbrennen können. Bieten Sie den Kindern Ihre Hilfe an.

Für fast alle in diesem Buch gezeigten Bastelideen braucht man Scheren, Bleistifte, Wasserfarben, Bastelfarben, Lackstifte, Holzmalfarben (Holzpen), Filzstifte, sowie Bastelkleber, Lineal und Locher. Deshalb sind sie bei den jeweiligen Materialangaben nicht noch einmal aufgeführt. Wenn für die einzelnen Vorschläge andere Materialien benötigt werden, sind sie in der jeweiligen Materialangabe aufgelistet.

Basteln – ganz natürlich!
Stockpuppen-Pärchen

Material pro Stockpuppe
- 2 Stöcke, ca. 30 cm und ca. 18 cm lang
- Holzkugel, Ø 40 mm
- Kokospapier in Natur, Orange, Rot und Schwarz
- Sisalwatte in Natur
- Bast in Natur
- Stroh
- Kugelschreiber
- Kraftkleber oder Heißklebepistole
- Holzpen in Rot, Schwarz und Weiß
- Gartenschere

Anleitung

Die Stöcke werden mit der Gartenschere zugeschnitten, als Kreuz übereinander gelegt und mit Strohbändern zusammengebunden. Stecken Sie nun die Holzperlen als Kopf auf den längeren Stock. Die Kleider werden je 2 x (seitenverkehrt) aus Kokospapier angefertigt. Am besten entwerfen Sie sie zunächst auf Kartonresten und schneiden sie dann aus. Legen Sie die Kartonmuster auf Kokospapier und umzeichnen die Konturen mit dem Kugelschreiber. Für das Mädchen benötigt man ein Kleid und eine Tasche, für den Jungen einen Pullover, eine Latzhose und einen Hut. Selbstverständlich können die Stockpuppen auch andere Kleidung tragen. Der Rand der Kleidung wird mit Kraftkleber oder Heißkleber bestrichen und beide Teile an den Stockkörper geklebt. Die Sisalwatte wird als Haare befestigt. Die Gesichter malt man mit der Holzmalfarbe auf und fixiert den Hut beim Jungen mit Heißkleber.

Deko für die Kinderparty

Material

- Öko-Schnippkarton in Grün, Rot und Gelb
- Tonkarton in Weiß
- Toilettenpapierrollen
- Krepppapier in Rot und Grün
- Pappe in Natur
- Baumwollband
- Stroh
- Federn in Rot
- Trinkglas
- Teelicht
- Butterbrotpapier
- Pappreste
- Serviette in Grün
- Filzstift in Schwarz
- Nadel
- Wasserfarbe in Grün
- Pinsel
- Wasserbehälter
- Wäscheklammern

Anleitungen

Serviettenhalter

Eine Toilettenpapierrolle wird mit grüner Wasserfarbe bemalt. Nach dem Trocknen werden daran ein Kopf (Anleitung siehe Windlicht), zwei Arme sowie eine gebundene Schleife aus Stroh angebracht. Nun bekommt der Frosch noch ein mit Namen beschriebenes Schild aus rotem Öko-Schnippkarton und weißem Tonkarton an seine Hände. Zum Schluss wird die Serviette gerollt, in die Toilettenpapierrolle gesteckt und schon ist der Serviettenhalter fertig.

Windlicht

Zuerst wird das Butterbrotpapier auf die Zeichnungen vom Vorlagebogen aufgelegt, mit dem Bleistift nachgemalt und ausgeschnitten. Diese Motive klebt man auf Kartonreste und schneidet sie erneut der Form folgend aus. Die so entstandenen Schablonen legt man auf den Öko-Schnippkarton, umzeichnet sie und schneidet alles wieder mit der Schere aus.

Für das Windlicht werden ein Kopf, eine Krone, zwei Augen, Arme und Beine sowie ein großes Herz benötigt. Alle Einzelteile werden mit Bastelkleber zusammengebracht. Mit schwarzem Filzstift werden die Zeichnungen aufgemalt. Zum Schluss setzt man das Teelicht in das Glas und stellt es auf das rote Herz.

WICHTIG!
Lassen Sie niemals Kinder unbeaufsichtigt mit brennenden Kerzen allein!

Tischset

Die naturfarbene Pappe wird mit grüner Wasserfarbe bemalt. Nach dem Trocknen werden rote und grüne Herzen, Froschkopf sowie eine gebundene Strohschleife mit Bastelkleber fixiert. Die grünen Herzen können noch mit grünen Froschpunkten verziert werden.

Girlande

Für jeden Frosch wird eine Toilettenpapierrolle mit grüner Wasserfarbe bemalt. Nach dem Trocknen werden der Froschkopf, zwei Arme, ein rotes Herz sowie eine Schleife aus Stroh daran befestigt. Das Krepppapier wird in 2 cm breite und 14 cm lange Streifen geschnitten und in das Innere der Toilettenpapierrolle geklebt. Der weiße Baumwollfaden wird in der benötigten Länge zugeschnitten und mit Wäscheklammern aufgehängt. Mit Hilfe der Nadel werden Baumwollbänder an den Köpfen der Frösche befestigt. Diese werden zusammen mit den roten und grünen Herzen sowie den Strohschleifen und den roten Federn am gespannten Baumwollband angebracht.

TIPP

Aus den Öko-Schnippkarton- und Tonpapierresten lässt sich mit dem Locher wunderbar passendes Konfetti erstellen.

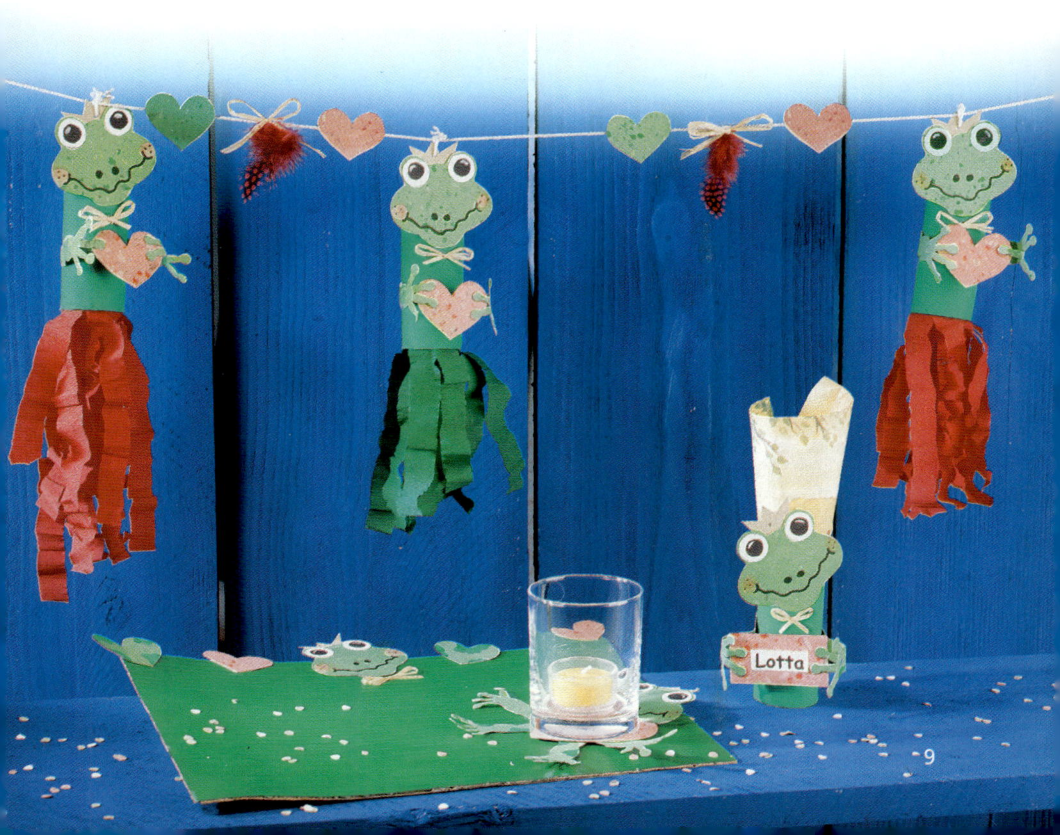

Ganz schön sandig

Material

- Kleister
- Sand (vom Strand, aus dem Sandkasten oder Vogelsand)
- Muscheln
- Gegenstände aus der Natur
- Pappreste für Bilderrahmen
- kleine Pappschachtel für Schatzkiste
- Foto
- Eimer
- Stock zum Verrühren
- kleine Schaufel
- alte Zeitungen

Anleitungen

Schatzkiste

Der Deckel der Schachtel wird auf die Arbeitsfläche gelegt, die vorher mit alten Zeitungen abgedeckt wurde, damit kein Kleister daran haften bleibt. Nun wird der Kleister nach der Packungsanleitung in einem Eimer dickflüssig angerührt. Der Sand wird untergemischt und die Mischung mit dem Stock gut verrührt. Dann verteilt man den Kleister mit einer Schaufel oder den Händen auf dem Kartondeckel. Als Nächstes werden die Muscheln und die anderen Gegenstände aus der Natur darauf verteilt und leicht angedrückt. Danach muss der Kleister etwa 24 Stunden lang trocknen. Ist der Kleister auf dem Deckel trocken, kann man diesen auf den Karton setzen und die Schatzkiste mit allen möglichen kostbaren Kleinigkeiten füllen.

Bilderrahmen

Stellen Sie mit Hilfe von Lineal und Bleistift aus Pappresten einen Bilderrahmen in der gewünschten Größe her. Hier werden ein Vorder- und Rückenteil benötigt (Beispiel siehe Zeichnung).

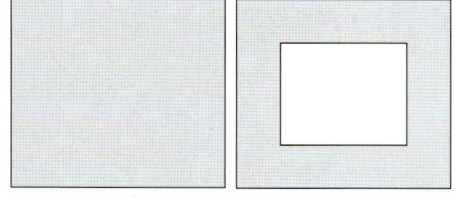

Rückseite   Vorderseite

Das Vorderteil des Bilderrahmens wird nun auf die mit alten Zeitungen ausgelegte Arbeitsfläche gelegt. Rühren Sie den Kleister nach der Packungsanleitung dickflüssig in einem Eimer an, mischen Sie den Sand unter und verrühren alles gut mit dem Stock. Der Kleister wird mit einer Schaufel oder mit den Händen auf den Rahmen aufgetragen. Dann werden die Muscheln und andere Gegenstände aus der Natur darauf verteilt und leicht angedrückt. Nun muss das Ganze ca. 24 Stunden lang trocknen. Zum Schluss werden das Foto und der Bilderrahmen mit Bastelkleber zusammengeklebt.

Blumige Ideen

Briefpapier

Material
- Naturpapier mit Blumen und Blättern in Natur
- getrocknete Blüten
- getrocknete Efeublätter
- kleine weiße Blüten
- Schreibpapier in Weiß
- Briefumschlag in Weiß

Anleitung

Das Naturpapier wird in die gewünschte Größe gerissen und auf das Schreibpapier und den Briefumschlag geklebt. Dann wird es mit den getrockneten Blüten dekoriert.

Blumensamenschachteln

Material
- leere Streichholzschachteln
- Naturpapier mit Blumen und Blättern in Natur
- Blumensamen
- getrocknete Blüten
- getrocknete Efeublätter
- kleine weiße Blüten

Anleitung

Die getrockneten Blüten und Blätter sind fertig im Bastelhandel zu kaufen, oder Sie können sie auch selbst pressen. Dazu pflücken Sie schöne Blätter und Blüten und legen sie etwa 4 Tage lang zwischen unbedrucktem Küchenpapier zwischen schwere Bücher oder Kataloge.

Schneiden Sie das Naturpapier passend für die Streichholzschachteln zu und beziehen sie damit. Die getrockneten Blüten werden mit Bastelkleber auf den Schachteln fixiert. Nun werden die dazugehörigen Blumensamen in die fertigen Schachteln gefüllt.

Karte

Material
- Naturpapier mit Blumen und Blättern in Natur
- getrocknete Blüten
- getrocknete Efeublätter
- kleine weiße Blüten
- Wellpappe in Natur
- Tonkarton in Weiß

- Juteband in Natur
- Stroh
- Schreibpapier in Weiß
- Briefumschlag in Weiß
- Wellenschere

Anleitung

Aus der naturfarbenen Wellpappe wird eine Klappkarte zugeschnitten (23 x 18 cm).

Den weißen Tonkarton schneiden wir mit der Wellenschere in der Größe 10,5 x 15 cm zu und fixieren diesen auf der Vorderseite der Karte. Das aus weißem Tonkarton angefertigte Herz wird mit den Efeublättern und den weißen Blumen beklebt. Gerissenes Naturpapier, ein Streifen Juteband und das fertig gestaltete Herz werden der Abbildung entsprechend auf die Karte geklebt. Die aus Stroh gebundene Schleife ergänzen Sie abschließend.

Am Meer

Material

- Walnüsse
- Erdnüsse
- Holzkugeln in Rot und Grün
- kleine Tannenzapfen
- Stöcke
- Zeitungspapier
- Öko-Schnippkarton in Rot und Grün
- Muscheln
- Schneckenhäuser
- Runde Korkplatte
- Deko-Sand in Natur und Blau
- Sandhärter
- Kraftkleber oder Heißklebepistole
- Lackstift in Rot, Schwarz und Weiß

Anleitung

Für die Schiffchen wird je ein Segel aus Zeitungspapier zugeschnitten, an einem kleinen Stock befestigt und in einer halben Walnussschale festgeklebt. Bei den Schildkröten klebt man eine halbe Erdnuss als Kopf an eine halbe Walnussschale. An den Seiten werden je vier Holzkugeln als Füße angebracht. Das Gesicht malt man mit Lackstiften auf. Das Seegras und die Palme werden aus Öko-Schnippkarton zugeschnitten. Die Palme kann mit kleinen Tannenzapfen, die als Kokosnüsse dienen sollen, beklebt werden. Die runde Korkplatte wird mit naturfarbenem und blauem Deko-Sand nach der Packungsanleitung verziert. Die angefertigten Motivteile sowie die Muscheln und Schneckenhäuser können mit Kraft- bzw. Heißkleber befestigt werden. Die Teile können aber auch nur aufgestellt werden, sodass sie zum lustigen Spielen anregen.

Lustige Männchen

Material
- Kastanien, Eicheln, kleine Tannenzapfen und Bucheckern
- Stöcke
- Strohblume
- Holzkugeln
- Holzwalzen
- Holzei
- Korken
- Erdnüsse
- Stroh
- Tüll in Weiß
- Islandmoos in Natur
- Zahnstocher
- Pfeifenreiniger in Schwarz
- Papierleiter in Gelb
- Papierzylinder in Schwarz
- Lackstift in Rot, Schwarz und Weiß

Anleitungen

Kastanienmännchen
Je zwei halbe Erdnussschalen werden als Füße an die Kastanien geklebt, und für die Arme befestigt man zwei Stöckchen bzw. kleine Tannenzapfen. Für den Kopf wird bei dem einen Männchen eine Holzkugel mit Bucheckerhaaren und bei dem anderen eine Eichel fixiert. Die Strohbänder werden um den Hals und um den

Hut geknotet. Das Männchen mit dem Eichelkopf bekommt noch eine Strohblume in die Hand. Die Gesichter und die Knöpfe werden mit Lackstiften aufgemalt.

Schornsteinfeger
Befestigen Sie zwei ca. 4 cm lange Stücke des schwarzen Pfeifenreinigers sowie zwei Holzwalzen am Holzei. Dann werden der Papierhut und die Holzleiter (kann auch aus Zahnstochern geklebt werden) der Abbildung entsprechend ergänzt. Zum Schluss folgen noch die Zeichnungen mit den Lackstiften.

Korkenmädchen
Zwei Zahnstocher werden als Arme an die Seiten des Korkens gesteckt. Dann befestigt man die mit Islandmoos und Tüllschleife verzierte Holzkugel als Kopf. Zum Schluss werden der Rock und das Gesicht mit den Lackstiften aufgemalt.

Tiere aus Wald und Wiese

Anleitungen

Igel

Eine Walnuss wird so mit naturfarbenem Islandmoos beklebt, dass noch eine kleine Fläche für den Kopf übrig bleibt. Für die Nase befestigen wir eine kleine Holzperle und ergänzen die Augen mit Lackstiften.

Küken

An eine Erdnuss werden Bucheckernteile als Arme und Beine befestigt. Ebenfalls wird eine Buchecker als Kopfbedeckung verwendet. Als Nase kleben wir ein kleines Stück von einem Stock an. Die Augen werden mit Lackstiften aufgemalt. Das fertige Küken wird auf einem mit Islandmoos verzierten Stock fixiert.

Raupe

Ein ca. 16 cm langer, wellig zugeschnittener Kartonrest wird mit grünem Islandmoos bezogen. Fünf Haselnüsse werden darauf aneinander gereiht und befestigt.

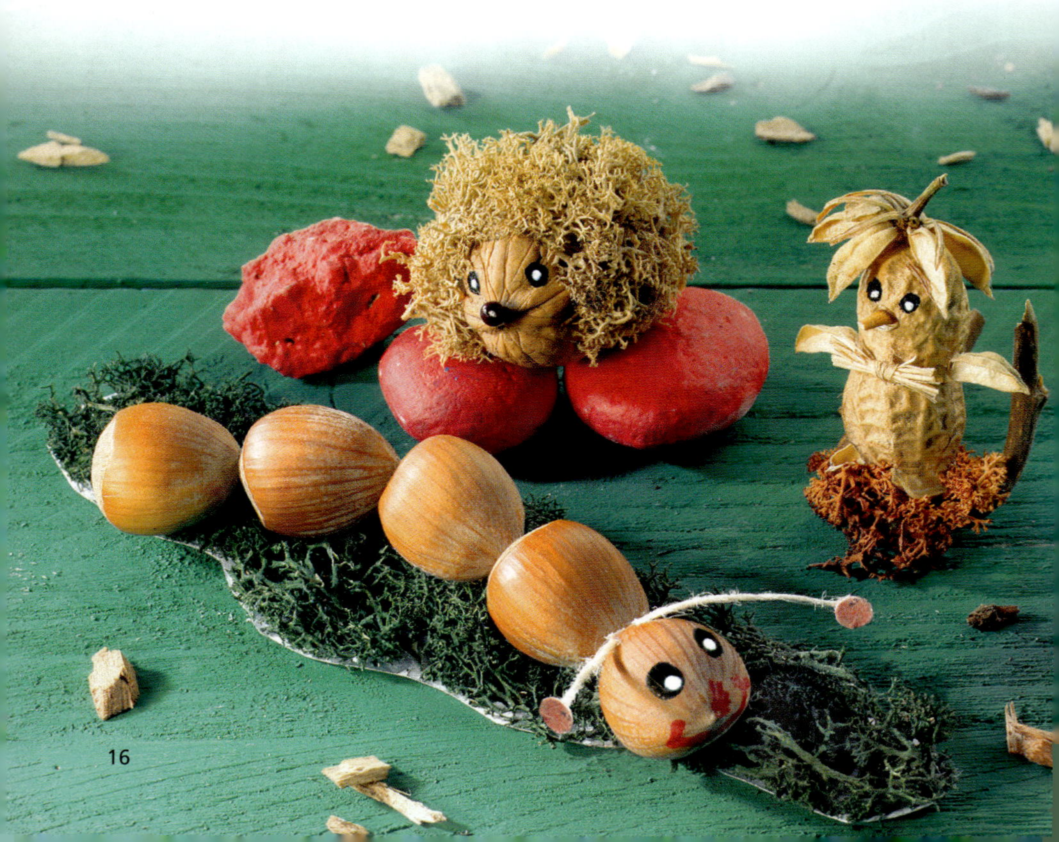

Seite 26,
Junge

Seite 27,

Seite 26,
Mädchen

2 x

2 x

2 x

2 x

2 x

2 x

**Seite 26/27
Witzige Fingerpuppen**

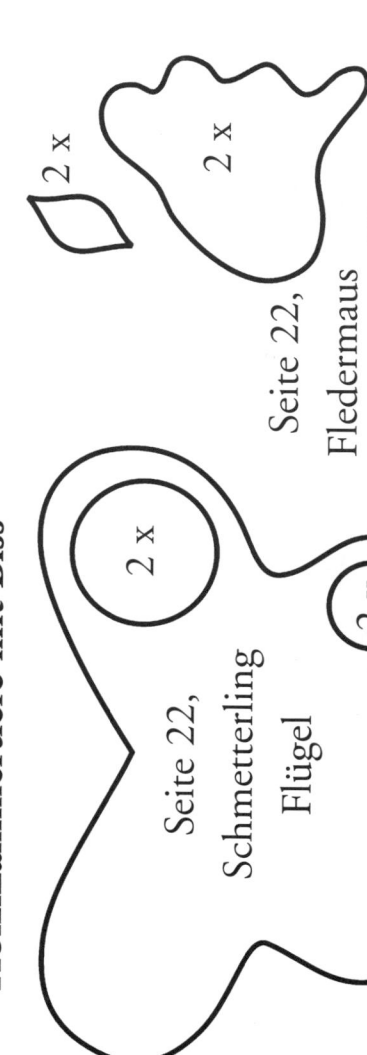

2 x

2 x

Seite 26,
Hund

2 x

2 x

2 x

Seite 22,
Fledermaus

2 x

2 x

2 x

Seite 27,
Elefant

Seite 22/23

Holzklammertiere mit Biss

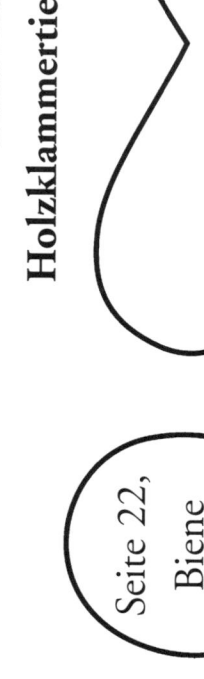

2 x

2 x

Seite 22,
Schmetterling
Flügel

Seite 22,
Biene
Flügel
2 x

2 x

Seite 23, Maus
Ohr

2 x

Seite 22, Krokodil Fuß

Seite 14
Am Meer

Vorlagebogen zu Englisch Nr. 1167
Buntes Basteln mit Naturmaterial /
Andrea Küssner-Neubert. - Wiesbaden : Englisch, 2002
ISBN 3-8241-1167-5
© by Englisch Verlag GmbH, Wiesbaden 2002

Für die Fühler verwenden wir naturfarbenes Baumwollband und befestigen daran zwei mit dem Locher ausgestanzte Punkte aus rotem Öko-Schnippkarton. Diese werden dann am Kopf angebracht. Das Gesicht malen wir mit Lackstiften auf.

Wildschwein

Die Schnauze, die Augen, die Ohren und der Kringelschwanz werden aus Öko-Schnippkarton zugeschnitten und mit Bastelkleber am Tannenzapfen befestigt. Für die Füße werden vier gleich lange Holzstücke angebracht. Die Augen werden mit Lackstiften ergänzt.

Pfau

Zwei gleich lange Stöckchen für die Beine sowie ein Stöckchen für den Hals kleben wir mit Kraft- oder Heißkleber an der Kastanie fest. Zwei Erdnussschalenstückchen dienen als Füße. Dann kleben wir eine Feder an die Eichel und fixieren diese als Kopf am Hals. Die Augen werden mit Lackstiften aufgemalt. Für den Schwanz werden verschiedenfarbige Federn an der Kastanie angeklebt.

Maus

Zwei aus grauem Öko-Schnippkarton zugeschnittene Ohren werden mit Bastelkleber an der Haselnuss befestigt. Die Barthaare und den Schwanz schneidet man aus dem Baumwollband zu und bringt diese zusammen mit einer kleinen Holzperle als Nase ebenfalls an der Haselnuss an. Die Augen werden mit Lackstiften aufgemalt.

Figuren-Mobiles

Material
- Tannenzapfen
- Sisalwatte
- Federn in Rot und Gelb
- Lederreste in Schwarz, Braun und Natur
- Holzperlen in Rot
- Holzwalzen in Natur
- Baumwollband in Weiß
- Stroh
- Stöcke
- Öko-Schnippkarton in Blau und Rot
- Kraftkleber oder Heißklebepistole
- Filzstift in Schwarz

Anleitungen

Vögel

Für das Gesicht benötigen wir zwei Augen und einen Schnabel aus Öko-Schnippkarton, die mit Bastelkleber am Tannenzapfen befestigt werden. Ebenfalls aus Öko-Schnippkarton werden die Füßchen angefertigt. Die Pupillen werden mit schwarzem Filzstift aufgemalt. Nun werden die Kopffedern, die Flügel, der Schwanz und die Stöckchen als Beine ergänzt.

Die fertigen Vögel werden zusammen mit den roten Holzperlen am Baumwollband befestigt.

Piraten

Als Haare wird Sisalwatte an den Tannenzapfen befestigt. Darüber kommt ein aus Leder zugeschnittenes Dreieck als Kopftuch. Die Augenklappe aus Leder sowie das Auge, die Nase und der Mund aus Öko-Schnippkarton werden im Gesicht festgeklebt. Die Pupillen malt man mit schwarzem Filzstift auf. Das zusammengebundene Stroh, die Holzwalzen und die fertig gestalteten Piraten werden im Wechsel an weißem Baumwollband aufgefädelt bzw. mit Kraft- oder Heißkleber befestigt.

Steintiere

Material
- Steine in verschiedenen Größen
- Runde Holzkugeln in Natur
- Muscheln
- Lederreste in Schwarz
- Scheibe von einer Wattekugel
- Baumwollband in Weiß
- Bastelfarbe in Schwarz, Gelb, Hellgrün, Dunkelgrün, Grau und Rosa
- Lackstift in Weiß, Schwarz und Rot
- Pinsel
- Wasserbehälter
- Kraftkleber oder Heißklebepistole

Anleitungen

Maus
Für die Maus werden ein Stein und zwei gleich große Muscheln mit grauer Bastelfarbe bemalt. Das Baumwollband für den Schwanz bemalen wir schwarz. Nach dem Trocknen werden die einzelnen Mausteile zusammengeklebt und die Zeichnungen mit Lackstiften ergänzt.

Rabe
Den großen Stein malen wir mit schwarzer, den Schnabel mit gelber Bastelfarbe an. Aus den Lederresten werden zwei Flügel und ein Schwanz zugeschnitten. Die Einzelteile kleben wir nach dem Trocknen zusammen und ergänzen die Zeichnungen mit den Lackstiften.

Schildkröte
Der große Stein wird mit hellgrüner Bastelfarbe bemalt. Vier kleine Steine und die Holzkugel bemalen wir mit dunkelgrüner Bastelfarbe. Den Panzer zeichnen wir ebenfalls mit dunkelgrüner Bastelfarbe auf und umranden die Felder nach dem Trocknen mit schwarzem Lackstift. Alle Teile werden nun aneinander geklebt und die Zeichnungen im Gesicht aufgemalt.

Schwein
Ein großer Stein, zwei kleine Steine, eine Scheibe von einer Wattekugel und ein Stück Baumwollband werden mit rosafarbener Bastelfarbe bemalt. Nach dem Trocknen werden die Einzelteile mit Heißkleber zusammengebracht. Mit schwarzen und weißen Lackstiften wird das Gesicht aufgemalt.

Steinfische im Wasserglas

Material
- Steine in verschiedenen Größen
- Windlichtglas mit einer extra Abtrennung für die Kerze
- Sand
- Lackfarben in verschiedenen Farben
- Pinsel
- Wasserbehälter
- Lackstifte in verschiedenen Farben

Anleitung
Die Steine werden mit unterschiedlichen Fischmotiven bemalt. Dazu gestalten wir die Grundfläche mit Pinsel und Lackfarben. Nach dem Trocknen werden dann die feineren Zeichnungen mit den Lackstiften ergänzt. Der Sand wird an den Rand des Windlichtglases gefüllt, die Fische darum verteilt und Wasser dazugegeben.

Lernhilfen aus Holzkugeln

Material
- 2 kleine Holzeier in Natur
- großes Holzei in Natur
- Holzwalzen in Natur
- Holzkugeln in Natur
- Holzkugeln und Holzeier in verschiedenen Farben
- Holzklammer
- Baumwollband in Natur
- Kraftkleber oder Heißklebepistole
- Holzmalfarben (Holzpen) in Rot, Grün, Blau, Gelb, Rosa, Schwarz und Weiß

Anleitungen

Rechenraupe
Das große Holzei wird mit gelber, fünf Holzwalzen mit roter und fünf Holzperlen mit grüner Holzmalfarbe bemalt. Das Baumwollband für die Fühler bestreichen wir mit Schwarz. Nach dem Trocknen wird alles auf ein langes Baumwollband aufgefädelt. Dabei ist wichtig, das sich die Teile gut verschieben lassen. Die Enden werden mit einem Knoten versehen. Nachdem wir das Raupengesicht aufgemalt haben, werden die Fühler am Hinterkopf festgeklebt.

Den Knoten am offenen Ende des Baumwollbandes stecken wir in die Öffnung des Holzeies. Zum Abschluss wird der Knoten noch mit Klebstoff fixiert, damit er sich nicht lösen kann.

Memoklammer
Fertigen Sie den Kopf an und kleben die Fühler fest. Für den Körper verwenden wir vier verschiedenfarbige Holzperlen und Holzeier. Diese werden zusammen mit dem Kopf auf die Holzklammer geklebt.

Lesezeichen
Zuerst gestalten wir das Gesicht der Raupe und fixieren die vorbereiteten Fühler am Hinterkopf. Für den Körper bemalen wir die Holzwalzen mit Grün, Rot, Blau, Rosa und Gelb und ziehen diese nach dem Trocknen auf ein langes Baumwollband. Die Enden werden verknotet und der Kopf angebracht. Die Holzwalzen werden so aufgeteilt, dass am Kopf drei Walzen und am Schwanz zwei Walzen liegen. Um ein Verrutschen zu verhindern, binden wir Knoten hinter die abgetrennten Walzen.

Holzklammertiere mit Biss

Material
- kleine Holzklammern in Natur
- Holzperlen in verschiedenen Farben und Größen
- Baumwollband in Weiß
- Öko-Schnippkarton in Rot, Grün, Blau, Grau und Gelb
- Tonkarton in Weiß
- Holzmalfarben (Holzpen) in Rot, Grün, Grau, Rosa, Schwarz, Gelb und Weiß

Anleitungen

Krokodil
Der Krokodilkörper wird mit grüner Holzfarbe bemalt. Daran werden die vier aus grünem Öko-Schnippkarton ausgeschnittenen Füße festgeklebt. Die bemalten grünen Holzaugen und die aus weißem Tonkarton zugeschnittenen Zähne werden ebenfalls festgeklebt.

Fledermaus
Der Fledermauskörper wird schwarz bemalt. Die Flügel, die Ohren und die Füßchen schneiden wir aus grauem und rotem Öko-Schnippkarton zu. Dann werden die Teile zusammen mit zwei pinkfarbenen Holzperlen als Augen an der Klammer festgeklebt und die Zeichnungen aufgemalt.

Schmetterling
Die Klammer für den Körper bemalen wir mit roter Farbe. Die Fühler werden schwarz und rot bemalt, und die grünen Holzperlen für die Augen werden mit Schwarz und Weiß gestaltet. Aus Öko-Schnippkarton werden der Schmetterlingskörper und die Punkte zugeschnitten. Zum Schluss kleben wir alle Teile mit Bastelkleber an der Klammer fest.

Biene
Der Bienenkörper wird gelb-schwarz gestreift bemalt. Ebenso wird das Baumwollband für die Fühler in Schwarz und Gelb gestaltet. Aus gelbem Öko-Schnippkarton werden die Flügel ausgeschnitten und mit Schwarz umrandet. Fühler, Flügel und die

mit Pupillen bemalten Holzperlen werden mit Bastelkleber an der Klammer befestigt.

Maus

Der Körper der Maus wird außen mit grauer und innen mit rosafarbener Holzfarbe bemalt. Die Ohren und die Füße werden aus grauem Öko-Schnippkarton zugeschnitten. Das Baumwollband für den Schwanz und für die Barthaare bemalen wir schwarz. Alles zusammen wird mit den blauen und der roten Perle an der Klammer befestigt. Zum Schluss ergänzen wir die Zeichnungen.

Holztransporter aus Papprollen

Material
- Toilettenpapierrollen
- Küchenpapierrollen
- Stöcke
- Korken
- Wellpappe in Natur
- Baumwollband
- Öko-Schnippkarton in Grau, Rot, Blau und Grün
- 4 Holzwalzen in Natur
- kleine Holzperlen in Blau und Rot
- Bastband in Natur
- Gartenschere
- Kraft- oder Heißkleber
- Lackfarbe in Weiß, Rot, Blau und Schwarz
- Wasserfarben in Rot, Blau, Grün und Gelb
- Pinsel und Wasserbehälter
- Messer

Achtung!
Kinder sollten das Messer nur mit Hilfe eines Erwachsenen verwenden!

Anleitung
Drei Toilettenpapierrollen werden mit grüner Wasserfarbe bemalt, zwei weitere mit roter und eine mit blauer und roter Wasserfarbe. Die Korken werden mit dem Messer jeweils in vier Scheiben geschnitten und in Gelb und Blau angemalt. Für die acht Räder schneiden wir ca. 1 cm breite Streifen von der naturfarbenen Wellpappe zu, rollen sie auf und fixieren die Enden mit Bastelkleber. Auf die zweifarbig gestaltete Toilettenpapierrolle werden mit der Lackfarbe kleine Männchen aufgemalt. Die Zugmaschine sowie der Anhänger werden zusammengeklebt und mit zwei Stöcken miteinander verbunden.

Hierzu bohren wir mit der Schere Löcher in die Toilettenpapierrollen. Außerdem benötigen wir ein Loch für die Antenne. Alle

24

Räder kleben wir mit Bastelkleber an den Seiten fest und ergänzen die Scheinwerfer am Holztransporter. Die Stöcke werden mit der Gartenschere in unterschiedlich lange Stücke geschnitten und auf den Anhänger aufgeklebt oder aufgelegt.

Witzige Fingerpuppen

Material
- Wellpappe in Natur
- Islandmoos in Natur und Braun
- Bastband in Curry
- Sisalwatte in Natur
- Holzperlen in Blau und Gelb
- Öko-Schnippkarton in Rot, Grün, Blau, Grau, Grün und Lila
- Tonkarton in Schwarz
- Filzstift in Schwarz
- Lackstift in Weiß

Anleitungen

Hund

Für den Hund brauchen wir einen Kopf mit Ohren, eine Schnauze, einen Bauch, einen Schwanz sowie Hände und Füße aus Wellpappe. Der Fingerring wird wie beim Mädchen beschrieben zugeschnitten. Braunes Islandmoos wird am Bauch und am Kopf befestigt. Die Augen und die Nase werden mit dem Locher aus Öko-Schnippkarton ausgestanzt. Zum Schluss werden noch die Zeichnungen aufgemalt.

Mädchen

Die naturfarbene Wellpappe wird um den Finger gelegt, um die richtige Länge zu bestimmen, dann in der Breite von ca. 6 cm zugeschnitten und zusammengeklebt. Das Gesicht und die Hände werden ebenfalls aus Wellpappe zugeschnitten. Die Augen, der Mund, das Kleid und die Knöpfe fertigen wir aus Öko-Schnippkarton an. Die Augen und die Knöpfe werden mit dem Locher ausgestanzt. Zusammen mit der mit Schleifen zusammengebundenen Sisalwatte und der gelben Holzperle werden die fertigen Einzelteile an der Wellpappenrolle festgeklebt. Die Augen werden mit Filz- und Lackstift aufgemalt.

Junge

Fertigen Sie den Wellpappering an, wie es beim Mädchen beschrieben ist. Für den Jungen benötigen wir zwei Hände und ein Gesicht aus naturfarbener Wellpappe.

Außerdem brauchen wir einen Pullover, eine Hose, zwei Knöpfe, zwei Augen und einen Mund, die aus Öko-Schnippkarton zugeschnitten werden. Als Haarschopf wird braunes Islandmoos fixiert. Eine blaue Holzperle befestigen wir als Nase und ergänzen zum Schluss noch die Zeichnungen.

Elefant

Für den Fingerring aus Wellpappe wird die Länge bestimmt, indem man die Wellpappe um den Finger legt und dabei leicht überlappen lässt. Dieser Wellpappestreifen wird etwa 6 cm breit zugeschnitten. Aus Wellpappe benötigen wir außerdem das Gesicht des Elefanten. Aus Öko-Schnippkarton wird der Körper, der Rüssel, die Ohren, die Augen, der Mund und die Schleife angefertigt. Naturfarbenes Islandmoos wird als Haare befestigt, und dann malt man die Zeichnungen auf.

Maus

Hier werden die Fingerrolle, die nach der Beschreibung des Mädchens zugeschnitten wird, der Mauskopf, die Hände und die Füße aus naturfarbener Wellpappe angefertigt. Für die Ohren, den Bauch, den Käse, die Augen und die Nase verwenden wir Öko-Schnippkarton. Die Barthaare und der Schwanz werden aus schwarzem Tonkarton zugeschnitten. Alle fertigen Teile werden abschließend an der Rolle festgeklebt und die Zeichnungen ergänzt.

Tütenmasken

Material
- Papiertüten
- Stroh
- Federn in Gelb
- Bastband in Natur und Curry
- Strohseide in Schwarz, Gelb, Rot, Dunkelgrün und Hellgrün
- Dekoschleife in Orange
- getrocknete Ming-Rose in Goldgelb
- Wellpappe in Grün und Rot
- Tonkarton in Weiß, Schwarz, Gelb, Grün und Orange.
- Silhouettenschere
- Wasserfarbe in Grün
- Pinsel und Wasserbehälter
- Filzstifte in Schwarz, Weiß, Braun und Rot
- große Nähnadel

ACHTUNG!
Für die Tütenmasken dürfen nur Papiertüten verwendet werden. Niemals Plastiktüten über den Kopf stülpen, da sonst Erstickungsgefahr besteht!

Anleitungen

Vogelscheuche
Zwei runde Augen werden mit der Schere herausgeschnitten und mit schwarzem Filzstift umrandet. Dann malen wir die Wimpern auf, schneiden die Nase und den Mund aus Wellpappe zu und kleben sie auf. Nun werden die Zeichnungen ergänzt. Die Hutform wird auf weißen Tonkarton aufgemalt, ausgeschnitten und mit Bastband und einer Strohschleife bezogen. Die Ming-Rose stecken wir durch den Hut. Für die Haare wird Stroh am unteren Rand des Hutes festgeklebt und dann der fertige Hut auf der Tüte festgeklebt. Zum besseren Atmen werden hier mit der Nadel Löcher in die Nase der Vogelscheuche gestochen.

Marsmensch
Mit grüner Wasserfarbe malen wir einen Kreis für den Kopf auf die Tüte und schneiden Dreiecke als Augen heraus. Nun werden zwei Hörner aus schwarzem und gelbem Tonkarton und eine blitzförmige Antenne aus gelbem Tonkarton auf der Tüte festgeklebt. Die Strohseide wird zu kleinen Schnipseln gerissen und zu Kugeln gerollt. Diese Strohseidekugeln in den verschiedenen Farben verteilen wir auf dem Marsmännchen. Um die Nase herum werden mehrere kleine Löcher gestochen, damit man besser Luft bekommt.

Vogel
Die Papiertüte wird entsprechend der Kopfgröße des Kindes evtl. ein wenig gekürzt. Mit der Silhouettenschere werden die Augen ausgeschnitten und schwarz und weiß umrandet. Der

Schnabel aus orangefarbenem Tonkarton wird unter die Augen geklebt. Darauf malen wir zwei schwarze Punkte und stechen mit der Nähnadel mehrere Löcher zum Luftholen in das Innere des Schnabels. Die gelben Federn werden mit Bastelkleber in

Kopfform auf der Tüte fixiert und durch die Dekoschleife ergänzt.

Löwe

Für die Augen schneiden wir mit der Silhouettenschere zwei runde Kreise aus und umranden diese mit weißem und braunem Filzstift. Nun ergänzen wir im Gesicht des Löwen noch die Zeichnungen mit dem schwarzen Filzstift. Für die Mähne schneiden wir Stroh in der Länge von ca. 7 cm zu und kleben es mit Bastelkleber im Halbkreis auf die Papiertüte. Die Nase wird mit mehreren Löchern versehen.

Bunte Stecktiere

Material
- Wellpappe in Gelb, Schwarz, Natur, Grün, Grau, Rot und Regenbogenfarben
- Tonkarton in Weiß und Schwarz
- Baumwollband in Natur
- Weizen
- Federn in Gelb
- Stroh
- Islandmoos in Natur
- Filzstift in Schwarz
- Lackstift in Weiß

Anleitungen

Krokodil

Für den Körper schneiden wir ein längliches Dreieck aus grüner Wellpappe zu. Dieses wird an der breiten Seite mit Zacken versehen und von unten nach oben hin abgerundet. An der spitzen Seite schneiden wir ein Dreieck für das Maul heraus und malen die Zähne mit weißem Lackstift auf. Für das Auge stanzen wir einen Kreis aus weißem Tonkarton mit dem Locher aus und versehen diesen mit einer schwarzen Pupille. Für die Beine schneiden wir je ein Dreieck zu und trennen davon die Spitzen ab. Diese gleiche Form schneiden wir etwas kleiner aus dem Innern heraus, sodass die Beine etwa 1 cm breit sind. Den Körper und die fertigen Beine versehen wir mit kleinen Schlitzen und schieben sie ineinander.

Elefant

Für den Elefant benötigen wir einen ovalen Körper aus grauer Wellpappe sowie zwei Ohren, einen wellig zugeschnittenen Rüssel und zwei Steckbeine. Der Mund wird aus roter Wellpappe zugeschnitten. Das Auge wird mit dem Locher aus weißem Tonkarton ausgestanzt und mit schwarzem Filzstift bemalt. Für den Schwanz verwenden wir Weizen.

Vogel

Der Vogelkörper besteht aus zwei aneinander liegenden Kreisen und aus einem am Rand wellig zugeschnittenen Dreieck. Die Formen können auch einzeln angefertigt werden. Für den Schnabel verwenden wir rote Wellpappe. Das Auge wird mit dem Locher ausgestanzt und bemalt. Die Federn werden am Kopf und am Körper festgeklebt. Nun benötigt der Vogel noch zwei Steckbeine aus Wellpappe.

Igel

Der Igelkörper besteht aus einem Halbkreis, bei dem die Gesichtsform und die Stacheln herausgeschnitten werden. Das Auge und die Nase werden mit dem Locher aus Tonkarton ausgestanzt und die Zeichnungen mit schwarzem Filzstift aufgemalt. Die Stacheln bekleben wir mit naturfarbenem Islandmoos. Die Beinchen schneiden wir aus schwarzer Wellpappe zu.

Biene

Hier besteht der Körper aus einem Oval, das mit einem etwas kleineren Kreis verbunden ist. Die kreisförmigen Flügel werden aus schwarzer und der Mund aus roter Wellpappe zugeschnitten. Das Auge und die Nase werden mit dem Locher aus Tonkarton ausgestanzt. Für die Fühler und den Stachel verwenden wir naturfarbenes Baumwollband. Zum Schluss bekommt unsere Biene noch drei gelbe Steckbeine.